AF337432

TABLEAU

DE LA FRANCE,

DÉDIÉ A LA NATION FRANÇAISE.

Ce *Tableau de la France* se trouvera chez MM. les Libraires des grandes Villes de France et des Pays étrangers. On en a tiré quelques exemplaires sur papier velin.

~~~~~~~~~~~~~

Cinq exemplaires de cet ouvrage ont été déposés à la Bibliothèque Royale.

L'Auteur reconnaîtra seulement ceux qui seront revêtus manuellement de sa signature.
~~~~~~~~~~~~~

TABLEAU

DE LA FRANCE,

TELLE QU'ELLE A ÉTÉ,

TELLE QU'ELLE EST,

TELLE QU'ELLE PEUT ÊTRE.

OU

APPERÇU POLITIQUE ET IMPARTIAL

SUR SA RESTAURATION.

DÉDIÉ A LA NATION FRANÇAISE.

Par G. Louis DOMENY DE RIENZI.
Officier retiré, membre de l'Académie de Rome,
de l'Athénée de Vaucluse, etc.

MARSEILLE.
Chez ANTOINE RICARD, Imprimeur du Roi.
Rue Paradis, N°. 31.

AN 1814.

DÉDICACE

A LA NATION FRANÇAISE.

Noble et antique France, ô ma belle patrie !
ô toi, la fille aînée de l'Europe, empire des
talens et de la civilisation, terre classique
des arts et de la valeur, garde, garde encore
ta dignité ! Mais si tu veux conserver
l'admiration et l'amitié des peuples, méfie-toi
de l'égoïsme, de la vanité, du luxe, de
la légéreté et des séductions.

Peuple français, peuple héroïque, gouverné
par le fils et l'émule du Grand Henri,
tu dois être une des plus grandes nations
de l'Univers.

O mon pays ! daigne agréer avec indulgence
ce faible Essai que je te dédie, à peine au soir
de mon cinquième lustre. Je sens avec regret
combien il est peu digne de toi ; mais s'il
obtenait ton adoption, peut-être un jour
parviendrais-je à la mériter.

C'est un de tes enfans, c'est un poète

national, c'est un auteur citoyen qui te l'offre.
c'est un bon Français qui conservera jusqu'au
tombeau l'amour de la patrie, la patrie notre
mère commune, notre première famille,
à qui nous devons tout, même malgré son
ingratitude.

Il eut à se plaindre de tes orages, néan-
moins ses premiers accens furent pour toi.
Ne craignant que Dieu et sa conscience, il a
bravé pour toi les menaces, les dégoûts et les
persécutions ; pour toi, son sang a coulé sur
les champs de bataille ; pour toi, il aurait
écrit sous une voûte de poignards ; pour toi,
il a fait entendre, au milieu d'un silence
aussi lâche que général, les mâles et sévères
accens d'un ami de l'humanité, d'un homme
libre.

S'il acquit quelque peu de renommée,
c'est donc à toi qu'il la doit.

N'ayant d'autre ambition que celle d'être utile
à ma patrie et à mon Roi, je m'estimerais
trop récompensé, si par ces réflexions
laconiques je pouvais faire quelque bien,
mériter l'estime et l'amour de mes compatriotes, voir mon nom cité après les noms
plus illustres des Raynouard et des Lainé !

Louis-le-Désiré fera le bonheur de la France : je donnerai volontiers ma vie en défendant sa cause et celle de ma patrie. Heureux du bonheur des Français, je mourrais content, si, pour prix de tant d'efforts, d'exploits et de sacrifices, je voyais la France revenue de ses erreurs, délivrée des infortunes dont ses tyrans l'ont abreuvée pendant plus de vingt ans, ralliée tout entière à l'auguste Roi qui lui donne avec la paix la douce liberté, des lois sages et une noble constitution, joindre, enfin, le trident de Neptune au glaive de Bellone ; jouir des vertus privées et de l'esprit public de l'ancienne Rome ; des mœurs, de la justice, de la sagesse laborieuse de Sparte ; du génie, de la politesse d'Athènes ; de la fertilité, de l'industrie et du commerce libre de Corinthe.

Tels sont, ô ma bien aimée patrie, les sentimens et les vœux du petit-fils de Rienzi ! (1)

(1) L'Auteur se propose de publier, un jour, des détails authentiques, peu ou point connus en France, sur son illustre aïeul, dont la vie y a été écrite d'une manière très-légère.

INTRODUCTION.

CET ouvrage n'est qu'un apperçu dépourvu de l'ordre, de la liaison et de l'étendue convenables à un des sujets les plus importans, les plus difficiles, les plus délicats qui existent, puisqu'il traite des intérêts des princes et des peuples, et plus particulièrement des intérêts de la France.

Il aurait demandé un profond savoir, de grands talens, une main plus habile et plus exercée que la mienne; aussi, je dois réclamer l'indulgence de mes compatriotes en faveur de ma jeunesse et de mes bonnes intentions.

Le Ciel m'a doué d'une âme où la profondeur du sentiment s'allie à la pureté de mes principes. Admirateur de la belle et énergique simplicité des anciens, je cherche encore cette puissance de leur style; cet art nerveux qui n'emploie que peu de mots pour une abondance de choses; qui entraîne par une correction élégante, une harmonie constamment soutenue entre l'expression et la pensée; ce qui fait, enfin, qu'un auteur a sa phisionomie comme il a son caractère.

J'ai composé mon ouvrage sans autres matériaux que les Bulletins des Lois. J'ai tâché d'être toujours vrai, d'être toujours moi; ignorant l'art servile de changer une mouche en éléphant, j'ai osé dire les choses telles qu'elles sont, ou telles que j'ai cru les voir.

Encore enfant dans la révolution, je l'ai traversée sans qu'elle m'ait apperçu.

Ami sincère et zélé de la vérité, de la justice, de mon prince, de mon pays et des lois, je ne suis point le partisan de tel homme ou de tel sistême.

Beaucoup de lecteurs me trouveront enthousiaste, je n'en serai point étonné; l'enthousiasme est inspiré par l'admiration et par l'amour; puis-je le refuser à ma patrie et à notre bon Roi?

Renonçant à tout desir de gloire, je n'aurais point écrit si j'avais pu penser que des français raisonnables me fissent jamais un tort d'avoir quelquefois raison.

Je serais inconsolable, si cet ouvrage imparfait pouvait affliger un honnête homme quel qu'il fût. S'il froisse quelques intérêts particuliers, c'est pour le seul intérêt de tous; il ne blesse jamais de justes droits. J'ai prétendu écrire avec impartialité, et il serait malheureux qu'elle m'attirât des ennemis.

Je n'ai prétendu dire que des vérités générales et utiles autant que je l'ai pu. Je n'ai pas tout dit, car il est des vérités nuisibles.

J'ai voulu écrire suivant les convenances et avec une modeste retenue. Je ne flatte ni ne trompe ; je ne dois brûler mon encens que sur les autels du mérite ; mais à Dieu ne plaise que j'attaque personne individuellement ; je respecterais même toutes les opinions, s'il n'en était pas qui peuvent troubler l'ordre.

Je profite de la liberté de la presse, que le Gouvernement vient de décréter ; rejettant le voile de l'anonyme, rassuré par la droiture de mes vues, je signe hardiment mon ouvrage.

Dans la restauration d'un État, il serait important que des écrivains probes et courageux dirigeassent l'opinion souvent prête à s'égarer, et la fixassent par la force de leurs écrits.

Aucun militaire n'ayant écrit sur les

Évènemens actuels, j'ai pensé qu'il n'était pas inutile de donner un exemple qui sera sans doute imité par des hommes qui savent également manier la plume et l'épée, et de déterminer l'opinion incertaine de quelques braves qui, tout occupés de leur art, à peine dégagés du tumulte des camps, n'ont pu connaître encore, en entier, tous les fléaux dont le dernier gouvernement avait infecté si long-temps leur déplorable patrie, ni les bienfaits réparateurs dont Louis le Desiré n'a cessé de la combler depuis son retour dans cette belle France, constant objet de ses plus tendres sollicitudes.

Ce n'est qu'avec beaucoup de peine que j'ai parlé de moi; les gens qui pensent, verront pour quel sujet j'ai été forcé de le faire, et pourquoi cette introduction est si longue, et pourquoi telle matière est restée incomplette : d'ailleurs il me semble qu'aujourd'hui, il est plus important qu'on ne le croit communément, que l'opinion politique d'un écrivain soit connue. Ses productions sont à mon avis le thermomètre des sentimens qu'il peut inspirer ; elles lui dictent sa conduite, et au public l'estime et la confiance qu'on peut avoir pour son caractère.

Les circonstances présentes ont donné le jour à mille brochures presque toutes éphémères. J'ai eu l'occasion d'en lire deux seulement. Ces deux-là sont très-remarquables ; leurs auteurs sont MM. de Château-Briand et la Maisonfort.

M. de Château-Briand a écrit sur Bonaparte et les Bourbons ; M. la Maisonfort sur la dernière guerre d'Allemagne. Ces ouvrages vivront plus que les circonstances : d'ailleurs, ces messieurs portent des noms déjà célèbres ; ils ont écrit l'un à Paris et l'autre à Londres. Je publie le mien

en province; je n'ai personne dans la capitale pour faire ma réputation littéraire,
ni pour protéger cet apperçu, ni pour l'a-
naliser avec l'impartialité et sur-tout l'indulgence qui lui est si nécessaire; d'autant
mieux que les évènemens m'ont contraint
de hâter mon travail, et que je n'en ai
pu surveiller l'impression peut-être incor-
recte.

Dépourvu des talens des écrivains que
je viens de nommer, je ne puis avoir ac-
quis le droit d'esquisser un sujet aussi
vaste et aussi noble, que par la defense
que j'ai dejà prise de la cause de la justice et de celle du bien public sous le règne
de l'oppression.

Ainsi que j'avais dejà chanté la vraie
grandeur partout où elle se trouvait; en
France comme en Angleterre; dans les ré-
républiques comme dans les monarchies;
sous la soutane du prêtre, sous la robe du

philosophe, comme sous la cuirasse du guerrier : ainsi, j'ai célébré dans le temps dont
nous sortons, le noble caractère et la bra-
voure des Princes de Condé, de Berry et
du jeune et infortuné d'Enghien. J'ai célébré l'heroïsme des d'Elbée et des Charette;
le sublime triumvirat de Pichegru, Cadoudal et Moreau. J'ai chanté les vertus et
les infortunes de Louis XVI et de sa famille ; j'ai voué mes larmes au sanglant
anniversaire de leur martyre ; mais la
censure s'est opposée à la publicité de ce
juste tribut. Dans une tragédie inedite (1),
je peignis sous le voile allegorique de la
Cour de Justinien, l'injustice, les outra-
ges, la calomnie qui signalaient ce règne
de terreur que notre tyran et ses fidèles
satellites faisaient peser sur le mérite libre, ennemi de l'intrigue et de la servi-

(1) Voyez les notes additionnelles.

tude. Enfin, j'ai trop laissé percer mes vœux pour le retour des Bourbons, j'ai trop montré l'envie de justifier et de servir l'immortel Malet (1), pour leur rendre la couronne, pour renverser Tibère de son trône. Ce qui est pis encore, voici dans quel sens j'ai parlé, dans un temps que l'empereur était encore tout puissant, dans une adresse que je signai et présentai à Mr. le général sénateur comte de Gouvion, un des pacificateurs de la Vendée, et au prince d'Esling, au favori de la victoire, alors gouverneur général de Toulon, dont on était si jaloux, et que naguères on avait envain

(1) Dans la conspiration de Mr. de Malet qui a été si mal jugée par tant de français, et qui eut lieu lors de l'horrible campagne de Moscow. Le jour de son supplice est devenu un jour de deuil religieux pour nous, et combien de personnes toutes dévouées à la France et au Roi, dont la noble conduite a toujours égalé les mâles principes, et qui devaient seconder ses mâles projets, n'ont-elles pas aussi partagé nos douleurs?

privé en Portugal de tous les moyens possibles de faire la guerre pour flétrir ses lauriers immortels.

Cette adresse (1) parut en Novembre 1813, au sujet de la retraite d'Allemagne, lorsque tous les corps (2) demandèrent de voler sur le Rhin, pour défendre la France menacée, par conséquent avant

(1) Ce qu'on va lire est environ la moitié de cette adresse. Je n'ai jamais loué l'ex - empereur, j'ai seulement fait dans un temps bien éloigné de nous, quelques vers à la louange du général Bonaparte, ainsi qu'à celle des illustres généraux Massena, Marmont, Dessaix, Kleber, Joubert, Hoche, Moreau, Robert, Monnier, etc. L'expérience nous prouve combien les circonstances changent les hommes. Quelle différence entre Bonaparte général et Napoléon empereur !

(2) Malgré notre haine pour le tyran de la France, nous n'en avons pas moins combattu l'étranger, lorsque nos limites furent attaquées. Qu'on était loin de connaître l'issue de cette étonnante campagne !

la noble résistance du corps législatif. Mr.
le sénateur Gouvion et le prince d'Esling
lui-même daignèrent apostiller cette adresse
envoyée au ministre, après avoir sollicité
mon avancement (1) : elle fut ensuite re-
commandée au Moniteur, mais le gouvernement d'alors en empêcha la publication ;
ce qui fait qu'elle n'est guères connue qu'en
Provence.

. . . .

» Dans l'empire de la civilisation, ce
» n'est point avec des mots, c'est avec des
» faits qu'il faut mener les hommes. La
» prudence, la justice et la modération sont
» les seuls moyens d'entraîner les peuples ;
» les ordres d'un tyran sont toujours mal
» exécutés ; des lois trop dures et spolia-
» trices enveniment les cœurs, égarent les
» intérêts, nourrissent les passions, étei-

(1) Cette adresse y mit un obstacle insurmon-
table.

» gnent le zèle. Combien les rois et les peu-
» ples seraient heureux si de grandes (1) le-
» çons pouvaient corriger les hommes! Que
» l'empereur fermant l'oreille aux cris des
» flatteurs, daigne jeter les yeux sur ses
» peuples épuisés. La grandeur d'un prince
» est dans l'amour que lui portent ses sujets.

» La France est une immense armée. Si
» le souverain est aimé, la France est non-
» seulement invincible, elle est encore inat-
» taquable. Du temps de nos anciens rois,
» du temps des Philippe-Auguste, des Hen-
» ri le Grand, des Saint-Louis, des Louis
» le père du peuple, des Louis le Juste, des
» Louis le Grand, les mots sacrés de prince,
» d'honneur et de patrie furent toujours un
» talisman qui réunit les français autour
» du trône de leurs rois adorés.

(1) Les terribles leçons de l'Espagne et de
Moscow, la défection des alliés comme nous si
long-temps écrasés, etc.

» Qu'il me soit permis de faire une ré-
» flexion : Je suis bon français, je n'aime
» pas l'Angleterre ; mais je l'estime infini-
» ment, mais j'admire sa constitution, mais
» la France envie son bonheur. Il est vrai,
» Albion notre ennemie depuis près de dix
» siècles, voudrait avec ses mille vaisseaux
» envelopper le globe dans une chaîne, et
» rendre les nations humbles tributaires des
» orgueilleux marchands de Londres.

» En renonçant au système continental,
» cause de tant de guerres ; en armant deux
» cents frégates et mille corsaires sur toutes
» les mers, peut-être aurait-on pu vaincre
» l'Angleterre ; ce qui eût été plus utile,
» plus juste et plus grand que de voir l'Eu-
» rope ravagée depuis si long-temps, tandis
» qu'exempte des maux affreux dont elle a
» été souvent la cause et la France l'instru-
» ment, l'Angleterre joue aujourd'hui le
» plus beau rôle, elle triomphe.

» *Certains courtisans* (1), *certains*
».*agens* (2) *et quelques hommes en place,*
» *lâches et intéressés qui devraient être les*
» *conservateurs* (3) *du bien public et les*
» *organes de la vérité auprès des princes et*
» *et des peuples, prétendent envain le con-*
» *traire.* **La** *paix est indispensable à la*
» **France,** *car le peuple est écrasé, et par*
» *les impôts et par nos guerres si longues*
» *et si meurtrières.* **L'agriculture,** *le com-*
» *merce et la marine sont anéantis; l'en-*
» *nemi est à nos portes; l'orage gronde*
» *sur nos têtes; envain nous unissons-nous*
» *pour le repousser; si l'amour du prince*
» *ne rallie tous les cœurs, nos portes se-*

(1. 2, 3) *L'auteur voulait désigner ceux des
conseillers d'état, des ministres et des sénateurs
qui n'ont cessé d'exalter les projets gigantesques
du tyran. Au reste, ils ont puissamment contri-
bué à le faire tomber et à tomber avec lui. Juste
Dieu! Pourquoi faut-il avoir enduré jusqu'à la
fin, les dix siècles de fer de leur règne?*

» ront violées. Que l'empereur équitable
» abandonne des conquêtes désastreuses et
» inutiles ; qu'il fasse rentrer dans leurs
» justes droits d'augustes infortunés (1),
» qu'il nous fasse jouir de cette heureuse
» paix que les cinq (2) parties du monde ré-
» clament, dont les peuples ne peuvent plus
» se passer, et qu'enfin nous devons avoir
» assez conquise. Alors sa justice nous ren-
» dra le bonheur ; alors tous les malheurs
» passés seront oubliés ; alors il sera vérita-
» blement grand. «

Il y avait quelque hardiesse, quelque

(1) Je désignais par-là, avec toute la prudence
possible, le retour de notre légitime Roi, de son
auguste famille, le retour de la maison d'Espagne et d'Etrurie, et celui de Pie VII sur la
chaire de Saint-Pierre.

(2) Les savans appellent du nom de cinquième
partie du monde, la nouvelle Hollande, nommée
aujourd'hui océanique par l'illustre géographe et
l'impartial critique M. Malte-Brun.

courage à parler ainsi des conquêtes, des malheurs de la France, de nos rois et de la tyrannie. Napoléon régnait alors!...

Hélas! ces vérités et ma prédiction m'ont coûté bien cher. J'ai été traité de manière à détester l'homme; mais, content de sa chûte, je ne m'en occuperai aujourd'hui qu'en m'efforçant de l'oublier.

Je le jure par le Dieu vivant, personne n'admirera, n'aimera, ne défendra, ne sera plus fidèle et plus dévoué que moi au vrai fils de St.-Louis, au successeur de Louis le père du peuple, à l'émule du grand Henri, au digne frère du bon, du vertueux Louis XVI. Le temps prouvera si j'ai su respecter un serment aussi sacré.

On peut voir par tout ce que j'ai été obligé d'exposer, qu'aucun motif d'intérêt, qu'aucun ressentiment n'ont conduit ma plume; qu'elle a toujours été guidée au contraire par une franche et courageuse impartialité;

que j'ai craint d'être exagéré, qu'enfin je me suis méfié de moi-même.

J'ai pensé qu'il convenait que ce petit ouvrage vît le jour, avant que les actes du congrès futur fussent sanctionnés et que la publication des nouvelles lois dont s'occupent notre sage monarque et nos honorables législateurs me fissent un devoir de respecter dans le silence le palladium de la France auquel personne ne devra toucher.

LA FRANCE.

APPERÇU POLITIQUE

ET IMPARTIAL.

Avant de parler de l'ancien Gouvernement de la France et des divers gouvernemens révolutionnaires, je dirai un mot du dernier, de celui de l'ex-empereur *Napoléon-Bonaparté* (1).

Cet homme audacieux, dissimulé, trompeur, insensible et dédaigneux, doué d'une grande activité, bravant l'opinion, embrassant avec obstination les projets les plus

(1) Dans ses adieux à la France et à l'armée, il a annoncé des mémoires justificatifs de sa vie et de son règne. Je serais curieux de savoir comment il justifiera la mort du duc d'Enghien, l'affaire d'Espagne, etc.

gigantesques, devint bientôt un capitaine fa-
meux. Profitant de la faiblesse des hommes
qui l'entouraient, et que fascinait l'éclat de
ses victoires, il s'empara de leurs esprits;
il eut la hardiesse de s'asseoir sur un trône
que personne n'avait osé profaner, depuis
qu'une funeste catastrophe en avait précipité le Roi que nous avons tant pleuré. Ce
redoutable usurpateur, aidé du génie et de
la valeur des Français, injustement favorisé
par l'inconstante fortune, visant envain à
l'universalité, eut l'insupportable orgueil
de croire avoir tari toutes les sources de la
gloire. Ne voyant les hommes qu'en lui seul,
il fut quelque temps le maître de l'Europe;
il foulait aux pieds les autels et les trônes; il
effrayait le monde du bruit de ses chaînes;
il aurait peut-être fini par faire de l'Univers
un immense tombeau.

Si cet homme avait renoncé à l'entreprise insensée de ses conquêtes, cause de
fautes si absurdes et de si grandes injustices;
s'il avait laissé leur indépendance à l'Espagne, à la Hollande et à la Suisse; si, sur-
tout, il avait rendu à l'Allemagne et à la

Prusse, cette indépendance nécessaire pour assurer la paix et l'équilibre politique de l'Europe ; s'il s'était borné à réédifier le royaume de Pologne, usurpé et partagé jadis d'une manière injuste (ce que Louis XV n'aurait jamais dû permettre) s'il avait laissé 200,000 français sur la Vistule, et 300,000 polonais sur le Nieper, au lieu d'aller planter ses aigles sur les tours de Moscow, et d'enterrer dans les déserts glacés de la Russie la plus belle armée qui eut encore paru; il aurait opposé une barrière formidable au géant du nord, peut-être aurions-nous le malheur d'être encore dominés par ce terrible conquérant; peut-être... Mais heureusement son étoile était à son coucher; mais les calamités qu'il avait répandues sur ce globe, avaient réveillé la vengeance de l'Eternel; mais les jours de son règne désastreux étaient comptés. Son trône était élevé sur un volcan ; ce volcan l'en a rejeté : il en est tombé comme une bombe. Le *seul grand* l'a précipité du haut de sa gloire. Cette gloire est devenue un crime aux yeux des peuples; tous ont béni sa chûte; tous ont désiré sa mort, comme la seule garantie du repos de l'Europe.

Né français, il écrasa la France, il moissonna plusieurs milliers de français. Tourmenté par une ambition sans frein, il se mit toujours au-dessus des lois, il viola la constitution. Son administration fut tyrannique, irréfléchie et vexatoire ; souvent ses guerres furent des injustices, ses conquêtes des usurpations.

Dieu semble s'en être servi comme des volcans et des pestes, pour châtier les hommes. Il faut cependant l'avouer, ce moderne Attila eut quelques grandes qualités, fit quelques grandes choses, et en dernière analyse on l'a trop exalté, on l'a trop rabaissé.

Retiré aujourd'hui dans la petite île d'Elbe, tombé du premier trône du monde, ayant conservé la vie, sans perdre la mémoire de ce qu'il fut, je doute qu'un grand ambitieux puisse être plus misérable, puisse être plus puni.

Ses créatures, ses courtisans et les agens serviles de ses tyranniques volontés, comme lui dévorés d'ambition, garrotés par la crainte, entraînés par l'égoïsme et la vanité, guidés par un charlatanisme imposant, marchèrent de front avec lui. Ils ajoutèrent l'imprudence à l'erreur, la fourberie au mensonge, l'hypocrisie à la duplicité, l'avarice à l'avarice, le despotisme au despotisme. Pareils au hideux limaçon, ils montèrent en rampant : ils l'enivrèrent du poison de la flatterie. Les premiers, ils l'avaient suivi dans le dédale d'une politique horrible et ténébreuse: les premiers ils lui dûrent tout les premiers ils l'ont humilié. Napoléon fut semblable pour eux à un arbre plein de fruits : tant qu'il en a été chargé, ils l'ont entouré; l'ouragan a abattu ses fruits, ils l'ont outragé, plus encore que ceux qui avaient tant à s'en plaindre. Eh quoi! ses prosélites, si fidèles au tems de sa prospérité, l'abandonnent dans sa chûte! L'île d'Elbe n'est-elle pas assez grande pour eux?

Français, nous ne saurions trop nous méfier d'*Attila-Bonaparté* tant qu'il existe, et sur-tout de ses partisans, des poètes serviles, des écrivains faméliques ou proxénetes, et

de ces gens dont la tête est froidement. ex-
altée par des combinaisons viles et mercan-
tiles ; de ces faux pénitens, qui sans renoncer dans leurs cœurs à leur ancien système,
voudraient pourtant le persuader à notre
bon Roi, pour qu'il daignât leur donner des
places, prix de leurs obséquieuses intrigues,
et de nouvelles richesses, fruit de leurs
odieuses rapines. Mais rassurons-nous : Louis
le Desiré connaît trop les hommes, pour
ajouter foi à leurs momeries.

Je crois qu'il serait convenable et pru-
dent, ainsi que le Gouvernement l'avait dé-
crété, d'éloigner ces hommes lâches et de
se taire à leur égard, sur-tout à l'égard de
leur digne maître.

Ces troupeaux d'imitateurs qui le traînent
dans la boue, nuisent plus à la bonne cause
qu'ils ne la servent. Ne vaudrait-il pas mieux
se contenter de considérer Bonaparté comme
une leçon vivante que Dieu a donnée aux
tyrans, aux peuples et aux bons rois? Aux
tyrans, en leur prouvant que tôt ou tard,
la Justice céleste punit les grands coupables ; qu'ils ne sont que des hommes sujets

à l'instabilité de la fortune ; que leur puissance s'écroule, dès l'instant qu'aveuglés par un esprit d'orgueil, de vertige, d'entêtement et d'erreur, ils exposent follement les peuples à les voir détrônés, humiliés, réduits à envier le sort du dernier de ceux qui furent leurs sujets. Aux peuples, en les instruisant à respecter la majesté de leurs souverains légitimes. Aux bons rois, en les encourageant à être bons et justes, à trouver dans le bien qu'ils ont fait, et dans l'amour des peuples, leur récompense et leur consolation.

Avant 1789, nous n'avions pas encore de constitution écrite, quoique nous possédassions depuis Clovis, les élémens du gouvernement actuel. Si on interroge les siècles passés, on trouvera les principes des deux chambres dans la pairie, dans les assemblées de Mars et de Mai, et dans les chambres du tiers-état : mais aucune loi ne fixait de pouvoirs divers, ni ne limitait ces pouvoirs.

Le parlement qui se trouvait à la tête de la partie du peuple qu'on appelait le tiers-état, et qui était le gardien de nos lois , le parlement en opposant le nom sacré des lois aux injustices des grands , qui tendaient à dépouiller l'autorité royale , mit des entraves à leur ambition. Redoutant les grandes assemblées des états-généraux dont l'autorité aurait éclipsé la sienne , ayant perdu par la suite des temps , le pouvoir auquel il aspirait par l'enregistrement, il ne fit guères que de stériles remontrances sur l'administration. L'orgueil, l'égoïsme et l'entêtement de ce corps entrava souvent la marche de l'esprit humain en France. Il s'occupa rarement des droits et des intérêts du peuple; il fut enfin vaincu par la solennité des lits de justice. Les rois au milieu du conflit perpétuel des prétentions du parlement et des abus de la noblesse de robe et d'épée , assirent définitivement sur leur force expirante cette puissance invariable, depuis Richelieu jusqu'à l'assemblée des derniers états-généraux.

D'ailleurs, la nation n'était représentée que par les états-généraux. Et les prétendus droits des parlemens etaient une usurpation. Il était dangereux qu'un corps simplement judiciaire exerçât l'autorité législative, et les divers parlemens du royaume, étaient la source continuelle des contrariétés opposées à l'état, en consentant à l'enregistrement d'un édit dans une province, en le refusant dans une autre.

Les derniers *états-généraux*, en publiant les droits de la nation, oublièrent de tracer ses devoirs. L'*assemblée nationale* détruisit la grande influence que le clergé avait acquise par ses grands biens et par la considération attachée au caractère de ses membres. Elle commença par saper nos principales, nos plus anciennes institutions. L'ouvrage de l'assemblée nationale renferma tout-à-la-fois des choses utiles et de grands défauts. Elle mit trop de précipitation dans son travail. Elle établit pour but de la société le *bonheur commun*, sans penser à la *défense commune*, et l'appareil faux mais brillant de la *liberté* et de l'*égalité*, qui mal entendues, ont été la cause de tant de maux. Hélas tout ce qui sort de la main des hommes est imparfait et sujet aux abus !

Sous les diverses législatures qui lui suc_cédèrent, sous *l'assemblée législative*, sous la *convention* et sous le *directoire*, le tiers-état s'empara entièrement du pouvoir : alors la royauté fut détruite, le meilleur des rois fut assassiné juridiquement ; les tables de la loi furent brisées : alors le sang coula pour les vaines abstractions, pour les théories impraticables d'idéologues inconséquens et ineptes ; pour assouvir l'orgueil, la cupidité, la vengeance, la jalousie de quelques hommes aussi féroces qu'insensés : les passions de ses législateurs ruinèrent la France ; enfin quatre constitutions qui tour-à-tour étaient le jouet de tous les partis et le manteau d'une foule d'obscurs ambitieux, furent l'une par l'autre successivement renversées.

Le travail et la liberté sont les deux premières sources des vertus civiles ; le luxe et l'ambition sont l'origine des vices et l'anéan_tissement de tout esprit public.

Il est bon de donner à chaque peuple, les lois les plus appropriées à son caractère. Toute législation doit tendre à réformer les mœurs, non pas à les changer tout d'un coup ; autrement ce serait tisser une toile d'araignée.

Les milliers de législateurs-rois qui se sont succédés dans le cours de la *révolution*, n'ont pas été assez pénétrés de ces principes, ou du moins ils n'ont ni su ni voulu les mettre en pratique.

En vain a-t-on dit dans un temps où tous les citoyens voulaient être rois que l'état républicain était préférable à tout autre, il est vrai que cet état serait le plus parfait des gouvernemens et il me plairait s'il s'agissait de donner des lois aux bergers de l'Arcadie ou aux insulaires d'Otahiti. Mais l'étendue d'un pays, la corruption, la vanité individuelle, le luxe, l'égoïsme, l'hypocrisie, la légèreté, le manque d'esprit public sont autant de motifs qui interdisent à certains peuples la faculté de se gouverner eux-mêmes. D'ailleurs la France était liée en 1791 par un pacte social qu'elle ne pouvait enfreindre sans violer des droits inviolables ; de plus, nous avions le meilleur des rois ; ensuite, les raisons que je viens d'exposer me semblent avoir dû exclure les Français d'un tel gouvernement.

Sans doute le consulat sembla un instant rallier tous les partis. Républicains, modérés, jacobins et royalistes, chacun avait regardé Bonaparté comme l'homme de sa faction. Mais trompés par ses promesses, lassés de son joug, les Français ne retinrent plus les flots de leur indignation : déjà Pichegru, Cadoudal et Moreau allaient nous rendre notre légitime souverain ; nous délivrer de la tyrannie qu'il nous préparait, lorsqu'averti par l'armée fidèle de ses espions et de ses complices, il anéantit les nobles triumvirs, ainsi que les divers partis et usurpa lâchement cette malheureuse France qu'ensuite il a tant fait gémir ! Son consulat brilla à nos yeux comme un effrayant météore qui, entre les deux tropiques, est le sinistre précurseur des tempêtes et de la mort.

Attila-Bonaparté une fois parvenu à l'empire, si on en excepte quelques bonnes lois, nous accabla de lois tortionnaires, discordantes qui se détruisaient mutuellement : cet usurpateur se mit toujours au-dessus d'elles. Il brava, quand il lui plut, la constitution de son empire. Il forgea tous les jours

pour nous de plus pesantes chaînes, il tour-
menta sans relâche la France de sa verge
d'airain.

Fatigués du despotisme militaire, le pire
de tous, rassasiés de tant de maux, de tant
de secousses, revenus des erreurs du passé,
instruits de la sagesse, de la clémence et des
grandes qualités de notre roi légitime, les
vrais français dont les sentimens avaient été
si long-temps comprimés, n'avaient cessé de
faire des vœux pour son retour. Plusieurs
conspirations avaient été ourdies à cet effet;
mais malheureusement elles échouèrent :
on n'a détrôné l'usurpateur qu'avec le se-
cours de l'étranger, tandis que nous serions
si fiers d'avoir nous seuls renversé le tyran,
rappelé Bourbon de la terre d'exil, et de
l'avoir replacé sur le trône de ses pères.

Les titres et les droits de Louis XVIII
sont partout reconnus. Il ajoute à tous ses
droits ceux du malheur, ceux de l'amour,
l'admiration et le dévoûment de tous les
bons français.

Louis, dont les lumières égalent la bonté,
a voulu établir un pacte social, indissoluble

entre son peuple et lui. Se conformant aux
vœux du siècle et aux besoins de la nation,
il s'est entouré des sénateurs, des législateurs
et des membres de son conseil les plus in-
tègres, les plus éclairés, pour établir une
constitution sage qui définît, divisât, circons-
crivît les pouvoirs publics de manière que
les autorités qui composeraient le gouvernement fussent unies, et qu'elles n'entre-
prissent rien que pour la gloire et le bonheur du prince et de la patrie.

En vain quelques écrivains avaient prétendu qu'une constitution nous était inutile,
qu'elle existait dans le cœur du Roi. Ces
hommes voulaient un maître absolu, tandis
que la France desirait un chef suprême, un
père assisté des représentans de la nation,
qui régnât par les lois ; elle demandait
enfin un gouvernement monarchique, tem-
péré, juste, libéral et *bourbonien*. La nation
en nommant Louis XVIII du nom de De-
siré, a prouvé par-là, la confiance qu'elle avait
placée dans le fils de ses anciens rois.

Le plus grand monarque de l'Angleterre
est à mon sens, ce sage *Alfred* qui voulut

gouverner un peuple libre. Louis en imitant un si rare exemple ; et nous donnant une constitution que nous pourrons transmettre avec joie à nos derniers enfans, Louis a bien justifié la confiance de son peuple ; il a réalisé l'espoir de la France, il a surpassé la grande idée qu'on avait de sa sagesse, il a mérité le surnom glorieux de restaurateur de la liberté publique. Eh ! quelle gloire peut-il y avoir en effet à recevoir les hommages forcés d'un troupeau d'esclaves ? Non, la gloire véritable d'un souverain ne consiste pas à commander, mais à gouverner un peuple (1) libre avec prudence, justice et fermeté.

(1) Depuis nos renversemens, on a tellement dénaturé et prostitué l'éloquence et la poésie, que la langue même a été révolutionnée. On n'ose presque plus employer les mots de philosophie, politique, peuple, patriotisme, philantropie, citoyen, etc.

Je dirai, pour qu'on m'entende bien, que j'appelle peuple l'universalité de la nation, et que trop de gens dont la tête est sans idées comme

La charte constitutionnelle (1) qui vient de paraître, a déjà rallié tous les gens qui pensent bien autour du trône. Nous atten-

sans principes, ont confondu avec la populace. Je définis la philosophie, la science de la vertu, de la vérité, de la sagesse et de tout ce qui est bien. Le philosophe est celui qui en donne l'exemple et le précepte. Quant à la politique, je la considère comme le pire de tous les fléaux, et la plus funeste des sciences, si elle ne marche escortée de la saine morale.

(1) J'avais écrit sur les bases de la constitution qu'on préparait alors. Mon ouvrage lui était semblable pour le fond, entr'autres sur la création des deux chambres, la responsabilité des ministres, l'abolition de la peine de la confiscation des biens, le droit de pétition qui ouvre la voie au trône à tous les citoyens : je différais en quelques points, sur-tout sur la noblesse et les dignités personnelles et héréditaires, sur les droits de guerre et de paix, sur l'âge des députés, sur les pairs, sur les troupes, la marine, etc. ; mais j'ai immolé cette partie de mon ouvrage ; je dois une entière soumission aux lois, et ma vue est trop faible pour résister aux lumières de ceux qui les ont établies.

dons encore peu de lois , mais de lois bonnes ; durables , des lois organiques et générales qui en seront le développement et comme le complément; alors l'état de la France sera fixé. Le présent nous rassure déjà sur l'avenir.

Chacun demandait où l'on prendrait les membres qui devaient composer le nouveau gouvernement ? Le roi a créé son conseil d'état et a nommé ses ministres comme il lui a convenu.

Les Députés au Corps-Législatif ayant, en général, bien mérité de la patrie, ont été conservés.

Que le Ciel soit loué ! Le *Sénat* de *l'ex-Empereur* est enfin dissous. Il est dissous, ce corps qui (j'en appelle à toute la France) avait perdu la confiance de la nation, qui a broché dans trois jours une *Constitution* , dans laquelle , malgré quelques bons articles, il n'avait guères songé au peuple, mais fort bien à ses propres intérêts ; ce corps, dont quelques membres régicides , après avoir juridiquement assassiné le Juste et renversé le *Trône* pour n'avoir pas de chefs, renver-sèrent la *République* pour n'avoir pas d'égaux ;

qui pour avoir ensuite des dignités , servirent de marche-pied au *Premier Consul* , pour l'élever sur le trône impérial , qu'eux et leurs satellites ont soutenu , tant qu'ils en ont redouté la puissance , toujours en écrasant le peuple , des intérêts duquel ils se disaient les *conservateurs*.

Quelle différence entre les sénateurs de *Napoléon* et ces deux cents sénateurs vertueux de l'ancienne *Rome* , que *Cinéas* dit lui avoir paru une auguste assemblée de Rois !

Le Roi de France et de Navarre dans sa *Déclaration* si noble et si touchante , a publié depuis long-tems le pardon de tous les torts. Que la partie gangrénée de l'ancien sénat qui a été exclue du Gouvernement se rende donc justice. Que ces hommes sans pudeur et sans caractère, plus irrésolus que de faibles femmes, n'ayant de courage que pour faire le mal, tantôt hyperboliques apôtres d'une licence effrénée, tantôt prédicateurs déhontés de la plus vile servitude, pour qui la patrie n'est qu'un nom et une dépouille, leurs costumes un hochet, leurs chaises curules un établi, leurs promesses du vent, leur honneur une ombre incommode, ne souillent plus les entours du trône, et qu'emportant avec eux les malédictions de toute la France, ils aillent cacher dans leurs terres, avec les trésors qu'ils ont accaparés, leur bassesse, leurs forfaits, leurs fautes, leur honte et leur heureuse nullité. Là, les ombres irritées de leurs victimes viendront les assiéger au milieu de leurs festins ; là, au sein des nuits, les furies vengeresses, toujours debout sur leur chevet, secoueront avec violence le lit de pourpre où ils espéraient trouver le sommeil et l'oubli.

Mais la plus grande partie des sénateurs n'a pas été confondue avec de pareils hommes. Elle n'a à se reprocher que d'avoir eu beaucoup de faiblesse, et de s'être laissée dominer par l'ascendant de la tyrannie.

La nation a vu avec joie au nombre des *Pairs de France*, les ex-Sénateurs Comtes *de Volney, de Sémonville, de Javcourt, Barthélemy, de Brissac, de Pastoret, de Valence, Lanjuinais, Doulcet-Pontecoulan, Germain-Garnier, de Tacher, de Beauharnais, Daremberg, Laplace, Boissy-Danglas, Latour-Maubourg, Gouvion, Daguesseau, le Cardinal de Bayanne, Gassendi, Dejean, Le Mercier, Beurnonville*, etc. etc.

Elle a vu avec la même joie, les Maréchaux, les Ministres et les Conseillers-d'Etat les plus recommandables.

Et dans cette ancienne noblesse qui a été depuis si long-tems dévouée à nos Rois, qui ne revoit avec orgueil *les Ducs de la Trémouille, de Chevreuse, de Noailles, de Grammont, de Brancas, de la Vauguyon, de la Rochefoucaud, de Clermont-Tonnerre, de Choiseul, le Prince de Poix, le Marquis d'Harcourt*, et tous ces noms illustres qui se rattachent à de si grands souvenirs, qui font revivre le passé dans le présent, qui nous rendent notre histoire.

Si *Louis-le-Désiré* nomme encore à la Pairie et à d'autres dignités, le jour de son Couronnement, ce jour de la fête nationale du *Saint Roi* son aïeul, combien de noms distingués attireront encore les regards !

Les Princes de Tallemont, de Comnène; les Guiche, les Montmorency, les Châtillon, les Montesquiou, les Laforce, les Turenne, les Malouet ; les Ducs de Crillon, de la

Luzerne ; *les Marquis de Mun*, *de Boisgelin*, *d'Albertas*, *de Rochemore* ; *les Comtes d'Escar*, *de Saint-Aulaire*, *de Link*, *de Guerry*, *de la Mothe-Vauvert*, *de Forbin*, *Ganteaume*, *de la Borde*, *Emeriau*, *Cosmao-Kerjulien*, *Pelet*, *Zangiacomi* ; *les Barons de Mailli*, *de Bulnois*, *Duperré*, *Le Roi de Lur du Theïl*, *de Tournon*, *de Stassart*, *Rivet* ; *le Bailli de Crussol* ; *le Commandeur de Bataille* ; les Lieutenans-généraux *Dessaix*, *Monnier*, *Lecourbe* ; les Maréchaux-de-camp Baron *Robert*, *de Castellane* ; *les Chevaliers Bouchet*, *d'Isarn*, *de Montfort*. Parmi les citoyens distingués, oublierai-je Messieurs *de Bernis*, *Caron*, *Boulogne*, *Duperrat*, *de Carrega*, *de Permon*, *Serber*, *Laroche-Jaquelin*, *Chauveau-Lagarde*, *de Saint-Victor*, *Benjamin de Constant*, ex-tribun ; les poëtes philosophes *Ducis* et *Le Mercier* ; le colonel *de Malherbe*, MM. *de Bonald*, *Lainé*, *Raynouard*, *d'Aubigny*, *Dumolard*, et tant d'autres autant recommandables par leurs talens et par leurs vertus, que par leur dévoûment au prince et à la patrie ?

La *Chambre des Pairs* et celle des *Députés des Départemens* viennent de commencer leur *session.*

Avant de connaître le résultat de leurs délibérations, je prends la liberté de soumettre au public et à nos honorables Législateurs, mes reflexions et mes vœux.

La *Puissance Législative*, composée du *Roi*, de la Chambre des *Pairs* et de celle des *Députés*, ne pourrait-elle pas prendre le nom de *Corps-Législatif* ou de *Parlement de France* ?

Nos dignes Représentans armés du glaive de la parole, couverts du bouclier de l'honneur et de la sagesse, fidèles mandataires des intérêts du Peuple Français, auront toujours devant les yeux, la gloire et le bonheur de notre Roi et de leurs commettans.

Ils établiront sans doute la liste civile du Roi de manière que, le souverain d'une nation forte et généreuse puisse environner son trône de la splendeur qui lui convient.

Il est à désirer que les nourriciers et les défenseurs de l'Etat soient toujours amis : nous avons des guerriers citoyens, ayons aussi

des nobles citoyens, des prêtres citoyens ;
que la nation française présente au-dehors
une attitude respectable, au-dedans le tou-
chant et imposant aspect d'une immense
famille ; et que le soleil en éclairant le Monde,
ne trouve point de peuple plus grand et plus
heureux.

Ce n'est que par la tolérance qu'on peut
réunir les hommes. Elle seule repousse la
persécution, fille de la superstition, cette
superstition fatale, qui a fait périr tant de
millions d'hommes.

La vraie philosophie s'écrie que la Religion
est nécessaire aux hommes. En effet ,
l'athéisme est une mine, dont l'explosion
renverserait l'ordre social. Le pays où le
peuple et le gouvernement seraient athées,
deviendrait une caverne de brigands.

Que la saine philosophie, qu'on doit bien
distinguer du sinistre philosophisme, ne soit
plus insultée ; en vain crierait-on contre elle,
ce serait faire comme ces sauvages qui lancent
des pierres contre le soleil.

Les Ministres des différentes Religions
payennes et étrangères à la Religion Chré-

tienne, qui n'ont pas eu la tolérance et l'amour pour âme de leur ministère, ont été les mêmes partout : Mages, Parsis, Druides, Mouftis, Imans, Fakhirs, les Prêtres du Mexique et du Pérou, les Pontifes de la Grèce et de Rome anciennes, fabricateurs de faux oracles, ceux de Mithras, ceux d'Erminful, ceux de l'Egypte, qui encensaient des oignons et des bœufs ; les Nègres de l'Afrique, les Sauvages de l'Amérique qui divinisent des singes, des serpens, des chameaux, des autruches, des pierres, des fleuves et des palmiers ; les Bonzes de la Chine, qui adorent le ciel et les étoiles ; les Lamas du Thibet, qui portent pour reliques des ordures musquées ; les Bramines du Visapour, les Derviches du Candahar, les Talapoins de Siam, les Sanguis du Mogol, les Santons de l'Ascour, les Rabbins Israëlites, tous ont été cause de plus grands maux que les systèmes les plus erronés des Platon, des Pythagore et des Jean-Jacques.

Il est naturel de trouver toutes les passions et tous les excès là où l'on méconnaît la tolérance, la modération et la vérité.

Si l'abus des principes religieux a pu occasionner de si grands désordres dans le paganisme, le judaïsme et l'islamisme, il est encore certain que dans la Religion Chrétienne, toute pleine de miséricorde qu'elle est, les interprétations erronées, l'intolérance ou l'ambition, si contraires à l'esprit sublime de l'Évangile, ont fait naître les plus sanglantes discordes. C'est souvent dans les meilleures choses que les idées exagérées, que les procédés outrés ont les plus déplorables conséquences.

Ainsi on dénature les institutions les plus saintes. Mais si quelques hommes ont été les instrumens de la tyrannie, de l'ignorance, de la vengeance ou du fanatisme, combien n'est-il pas de ministres vénérables dont la vie a été un exemple continuel de vertus et de douceur, et qui dans les derniers tems ont marché sur les saintes traces de l'illustre Chef de l'Église? Combien n'a-t-on pas vu de ces dignes enfans de St. Benoît et de St. Vincent-de-Paule, qui n'ont cessé de pratiquer la bienfaisance envers les pauvres, les infirmes, les insensés et les prisonniers, dans les tems les plus malheureux? Il serait facile de nommer les Caron, les Demasure, les Boulogne; des princes de l'Église, les Pacca, les Rufo, les Cazoni, les Mathéi, les Oppizzoni, et tant d'autres émules des apôtres, dont la sublime modestie pourrait me blâmer de n'avoir pas su retenir l'elan de ma juste admiration.

Les Français, un des plus civilisés d'entre tous les peuples, ont partagé leurs revers et leurs souffrances. Le pauvre lui-même leur a présenté les dons de la piété. Ces prêtres vénérables proclameront l'humanité française, de même que l'auguste Pontife Pie VII et que les rois Charles IV et Ferdinand VII ont publié notre indignation pour les grandes infortunes dont le tyran de la France et de l'Europe les avait abreuvés.

Tout nous autorise à croire que sous un Roi doué de connaissances aussi profondes que le nôtre, l'éducation des jeunes Français, l'espoir de la patrie, sera plus sage, plus grande, plus libérale. L'orateur et poète distingué qui préside (1) l'Université, voudra bien me permettre de lui faire observer que

______

(1) Mr. de Fontanes, grand-maître de l'Université.

rien n'empêche aujourd'hui que nous jouissions dans nos académies des cours de métaphysique moderne, de philosophie transcendante, d'analyse, d'histoire et de droit public, conformes au progrès de l'esprit humain et à-peu-près semblables à ceux qu'on suit dans les savantes Universités de l'Angleterre et du nord de l'Allemagne, qui nous laissent derrière eux, et qui influent si considérablement sur le caractère de la partie éclairée de ces nations.

La liberté des cultes et des opinions, la liberté individuelle et civile sont reconnues.

La liberté civile est établie sur l'isolement du pouvoir judiciaire, sur la conservation du jury et sur le droit de pétition, précieuses garanties de tous les droits. Mais pour en jouir entièrement, n'est-il pas nécessaire que la maison d'un citoyen ne puisse être violée, que celui-ci ne soit arrêté qu'en vertu de la loi et publiquement, qu'il soit interrogé dans les 24 heures, que la loi ne laisse plus languir des accusés dans les cachots, que l'administration des prisons et des hospices soit plus éclairée et mieux dotée ?

Que le ministère de l'avocat, confié seulement à des orateurs probes et éclairés,
recouvre son ancienne illustration.

Que ceux qui ont le courage d'être juges,
s'attachent à réprimer la calomnie, à faire
respecter les mœurs ; car, sans les mœurs,
point de lois, point de religion; sans celles-ci,
point de gouvernement, point de repos.

Je laisse à la sagesse de nos législateurs à
déterminer si la peine de mort ne pourrait
pas être remplacée par un établissement
dans la Guiane, à-peu-près semblable à celui
de *Botani-Bay*, et à délibérer sur cette
question : si un homme, à moins que ce ne
soit en se défendant, a le droit d'ôter à son
semblable la vie, qu'il ne peut lui donner ?

La charte constitutionnelle veut expressé-
ment qu'on puisse publier ses opinions ; nous
jouissons donc de la liberté de la presse (qui
n'a existé jusqu'aujourd'hui que pour le plus
fort), en se conformant aux lois qui doivent
réprimer les abus de cette liberté. Grâces à
notre bon Roi, la pensée ne sera plus forcée
de se renfermer au fond des âmes. La bouche
ne sera plus baillonée ; la plume ne sera plus
enchaînée !

(55)

Je ne sais si je me trompe , je considère la liberté de la presse de la manière suivante, savoir : que tout ouvrage, tout journal, tout écrit périodique pourra être librement publié (1), en tant que les tribunaux prononceront une peine sévère contre tout auteur dont les écrits seraient attentatoires , d'une manière formelle, à la violation de la constitution, à la sûreté du gouvernement, et calomnieraient l'honneur des princes, des grands et des citoyens ; en tant que les auteurs ou du moins les imprimeurs mettront leur nom au bas de l'ouvrage et en répondront ; qu'au cas contraire , les libraires ou débitans seront chargés de la responsabilité, même, pour les ouvrages en langue étrangère , ou imprimés

(1) Cette liberté ne devrait-elle pas s'étendre au théâtre ? Lorsqu'une pièce est déclarée digne d'être représentée , et qu'elle ne contient rien contre les mœurs, aucun motif doit-il en empêcher la représentation ? Le théâtre réclame puissamment un tribunal et des règlemens pour l'admission et la représentation des pièces qui lui sont présentées. Il n'est rien d'utile que nous ne puissions attendre des bienfaits de Sa Majesté.

dans l'Étranger. Je crois ces mesures utiles quand les choses seront bien établies.

Les auteurs ou imprimeurs seraient obligés dans le cas de la vente de chaque ouvrage, d'en faire le don de deux exemplaires à la Bibliothèque Royale, et acquerraient par là le droit de faire saisir les contrefactions.

Que les lois financières n'égorgent pas l'écrivain qui veut publier ses productions. Que les ouvrages du génie, le fruit de ses veilles, lui appartiennent. Que les contre-facteurs soient punis rigoureusement.

Ainsi, des censeurs ignorans ou méchans, naguères odieux alguasils de la plus lâche inquisition, ne viendront plus empester de leur haleine mortifère, le cabinet paisible de l'homme de lettres ; ils ne mutileront plus de leurs ciseaux impies, ses écrits sincères et courageux, parce qu'il aura osé penser tout haut sans la permission de leur tribunal tyrannique.

Combien de fois la providence d'un écrit a provoqué la providence des lois !

Il me semble qu'empêcher la publication d'un excellent ouvrage, c'est commettre un assassinat plus grand que celui de tuer un homme : c'est donner la mort à l'immortalité. Non, sans la *liberté de la presse*, il n'est point de liberté politique.

En vain dira-t-on que notre caractère s'oppose à l'établissement de cette liberté : une fois l'intérêt national bien reconnu, une fois l'esprit public bien établi, une fois que notre belle constitution aura jeté de profondes racines, nous n'aurons à craindre aucun danger. La liberté de la presse est semblable à la lance d'Achille, qui guérissait aussitôt les plaies qu'elle avait faites.

Grâces à notre bon Roi, elle est abolie, cette conscription de sang, qui a tant coûté de larmes à nos familles. Elle est abolie, cette violation infâme des secrets de la poste. Ils sont dissipés ces essains d'espions, qui ne cessaient de nous tourmenter.

Les vifs désirs du Roi pour le bonheur de son peuple, nous font espérer que lorsque les besoins de l'État le permettront, on créera un nouveau moyen plus juste et moins vexatoire de percevoir les impôts. C'est là le vœu de la nation ; je suis ici son organe.

Un triple mur d'airain ne dérobera plus la vue du gouffre (aujourd'hui immense) de la dette publique ; les grands dignitaires seront moins salariés : une administration moins absorbante , les efforts du Roi , sa sage économie , tendront à combler au plutôt ce déficit. Que le peuple, de son côté , rivalise d'efforts pour faire rentrer dans le trésor de l'Etat, des sommes employées à son avantage.

Que les droits du timbre et de l'enregistrement soient sur-tout diminués.

Louis XVIII a promis de conserver la Légion-d'Honneur , en déterminant sa décoration. Il est juste , en effet, de conserver toutes les récompenses existantes : nous espérons qu'à l'avenir elles ne seront accordées qu'au vrai mérite , libre, fier, quoique modeste et ennemi de l'intrigue ; car le vrai moyen de recueillir le mérite, est de semer les récompenses.

Il est urgent qu'on remette dans l'armée cette sage discipline, mère de l'ordre et de la valeur ; car elle est on ne peut plus relâchée. Qu'on ne trouve plus dans nos rangs que les soutiens de la France et du Roi. Qu'on y maintienne la sage institution de la Garde-Nationale Urbaine, composée de l'élite du peuple, et la sauve-garde de l'intérieur, sauf à rendre ses membres à leurs travaux quand l'organisation de l'armée sera terminée. Qu'une police douce et vigilante, conservatrice de la santé, sage gardienne des mœurs et des lois, protège le travail, les biens, le sommeil des citoyens; qu'elle prévienne les délits, mais qu'elle ne cherche pas à trouver des coupables.

Le Code Civil, ouvrage des Français, reste en vigueur. Mais tous les Codes ont besoin d'une révision conforme au régime de liberté, de douceur et des mœurs sous lequel nous vivons.

Il est à désirer que les hommes en place, particulièrement leurs commis, leurs maîtresses et leurs valets, singes du maître, souvent aussi hauts que rampans, ne tiennent plus prosternés devant eux, les pauvres et honnêtes citoyens, qui mordent en silence le frein de leur pouvoir insultant. Qu'on choisisse ceux qui jouissent de l'estime de leurs concitoyens, et qu'ils répondent devant la

loi, des injustices et des abus de leur autorité.
Que l'on consacre l'administration dépar-
tementale, les Préfectures, les Mairies et les
Divisions Militaires ; qu'on maintienne les
Gardes-champêtres, les Octrois ; qu'on conserve le système métrique ; qu'on rectifie et
qu'on termine les opérations du Cadastre ;
qu'on fasse le recensement de la population
actuelle des 87 Départemens de la France ;
et que les Ministres présentent l'exposé exact
de la situation complète du Royaume.

Tous les amis de l'humanité désirent que
la Traite des Nègres soit abolie dans nos Colonies, le plutôt que nos besoins le permettront ;
que l'arbre hideux de l'esclavage ne couvre
plus ces contrées de son funeste ombrage ;
qu'on leur donne des lois qui assurent leur
bonheur.

S. M. sent combien il importe que l'agriculture et le commerce, ces mamelles d'un
État, soient encouragés et en honneur ; que
l'agriculteur jouisse d'une juste aisance. On
remarquera que les terres ont un produit plus
grand qu'ailleurs, en Angleterre et en Hol-

lande, où l'agriculture paie peu d'impôts, et sur-tout en Chine où il n'en paie point.

Il importe que nos Manufactures soient préférées à celles de l'Étranger ; que les importations ne se fassent qu'au moyen des échanges ; que notre or ne sorte pas de notre pays ; que les exportations nous enlèvent le surplus, sans nous priver du nécessaire ; que le papier-monnaie ne vienne plus inquiéter les fortunes.

Je crois utile que les Français puissent occuper des emplois civils dans les Cours étrangères ; mais qu'on ne leur permette pas d'occuper des emplois militaires, afin qu'ils ne soient pas exposés à tirer le glaive contre leurs frères.

Il serait à désirer encore que les séductions de la loterie ne troublassent plus le bonheur et la paix des familles inconsidérées, et que les maisons de jeu fussent fermées.

On ne dira plus à présent, qu'il ne faut au peuple que du pain et des spectacles.

Il lui faut justice, protection, travail et aisance.

On doit tout faire pour l'intérêt du peuple;

mais c'est l'avoir peu connu , que de l'avoir fait agir lui-même : car , celui qui se fie entièrement à sa légèreté , vole avec des ailes de plomb. Aujourd'hui, c'est un roseau qui plie à tous les vents , demain , un tigre stupide et furieux que rien n'arrête : il est toujours paisible et content, quand il est bien gouverné.

Louis-le-Désiré le sait mieux que personne; Louis veut adoucir les besoins du pauvre , et l'ordre et le bonheur régneront avec son gouvernement paternel et réparateur.

Aussi les concessions et la sage libéralité de S. M. ont surpassé nos espérances. Si, dans la suite ,. les droits et les besoins publics exigent des améliorations , si les plaies profondes de la France ne sont pas encore bien cicatrisées , la justice et l'amour du Roi et le zèle éclairé de nos honorables Députés sauront y pourvoir et dissiper toutes les inquiétudes.

Quant à nous , perdons cet esprit de promptitude , ce ton tranchant et décisif, cet esprit d'innovations, si dangereux; éloignons les idées générales , les absurdes systèmes de l'optimisme et du pessimisme, les prétendues améliorations. N'imitons pas servilement une nation voisine ; puisons, autant que possible, dans nos propres lois. Nous devons être assez mûrs pour délibérer sur les matières les plus importantes de la politique.

Pesons dans le calme les nobles institutions et cette juste liberté que nous n'avions point encore goûtée, que nous ne devons qu'à notre bon Roi, au plus sage des Rois. Méritons ses bienfaits ; sur-tout ne changeons point. Les meilleures lois sont celles qui sont le plus respectées.

Les Anglais ont dû leur salut principalement à leur constitution : un jour, plus familiarisés avec la nôtre, ne doutons pas qu'elle ne puisse nous offrir au besoin les mêmes avantages, lorsqu'elle aura reçu du tems ce caractère imposant qu'il sait imprimer aux institutions des hommes.

Quelle reconnaissance ne devons-nous pas aux personnes qui avaient tenté depuis si long-tems de ramener le nouvel ordre de choses, et dont la conduite a été toujours louable dans les tems difficiles que nous avons passés !

Gloire immense à l'immortel *Malet* et aux plus dignes de ses partisans !

En vain notre tyran a-t-il voulu les calomnier ; en vain a-t-il fait sortir des ateliers de la police des libelles contre eux ; en vain a-t-il traité de vils jacobins, les hommes généreux qui exposèrent leur vie pour sauver la France du bord de l'abyme ; en vain a-t-il fait périr *Malet*, la plus noble victime de la cause de la France et du Roi. La postérité équitable s'élève déjà sur sa tombe. Il n'a fait qu'échanger la vie contre l'immortalité.

Claude-François DE MALET, ex-Général, avait ourdi un plan de conspiration, lorsque l'usurpateur (1) du Trône des BOURBONS était en Espagne. Elle éclata en 1812, quand il était à Moscow.

Trahi par un de ses collègues, détenu comme prisonnier d'État dans une maison

(1) S'il était possible de contester les droits des BOURBONS et l'usurpation d'Attila-Napoléon, on n'aurait qu'à lire la lettre qu'il écrivit à LOUIS XVIII, pour l'engager à renoncer à ses droits, ainsi que la réponse ferme et sublime de S. M.

de fous (1), sans autorité, sans fortune, il sut réunir à sa cause les républicains purs et les Royalistes fidèles. Son but bien certain était de renverser le gouvernement impérial ; de rappeler notre Roi légitime ; en attendant, de créer une Dictature dont lui, *Malet*, aurait été le chef suprême ; de préparer des lois sages, une constitution libérale ; d'abolir la conscription, les droits réunis ; d'abandonner des conquêtes injustes, etc. etc.

Le premier acte de la Dictature s'exprimait ainsi : « Les bénédictions d'un peuple heu-
» reux sont le seul but de notre ambition,
» l'unique trésor dont nous veuillons nous
» enrichir.

. . . .

» Le général *Malet* est chargé de la
» direction des troupes et de la force armée.

» Pour extrait conforme :
» CORNEILLE, *Secrét.-gén. de la Dictature.* »

Fidèle à mon plan de n'attaquer ou de critiquer aucun écrivain ni aucun individu dans

______

(1) Il n'est pas étonnant que la sagesse fût logée à l'enseigne de la folie, sous le gouverne-

cet ouvrage, ni de trahir le secret de personne
(choses qui m'auraient été si faciles), je tairai
les noms de tous ceux qui ont mérité l'indignation publique : ils sont déjà assez punis.
Mais, je m'empresserai d'appeler l'estime de
la France sur quelques hommes illustres de
notre tems, et principalement sur ceux qui
furent initiés à cette importante affaire.

La conduite de M. *de Malet* sera dignement
appréciée, quand on verra au nombre de ses
complices MM. *Mathieu de Montmorency*,
Alexis de Noailles, *Angeloni de Rome*,
le respectable abbé Lafon; MM. *Corneille*,
Margueron, *Garriot*, *Bazin*, *Gindre*,
Lemare, *Garès de Mézières*; MM. *Duperrat*
et *Carrega*, tous les deux chefs de la Vendée;
enfin, l'illustre et malheureux *Moreau*. Quand
on saura que MM. *de Polignac* étaient
députés du Prince-Régent d'Angleterre et de
Louis XVIII pour assurer le retour du Désiré;

ment si souvent insensé de Tibère-Bonaparté.
J'ai rendu justice à ses qualités ; c'est, je crois,
tout ce qu'on devait attendre de mon impartialité.
C'est la dernière fois que je veux prononcer ici
son nom odieux : ce nom me fait trop de mal.

que M. *le Marquis de Puivert* était chargé de délivrer le Roi FERDINAND VII, et de prendre le commandement de l'armée d'Espagne ; que D*****, aidé de deux personnes qui entouraient le Roi d'Étrurie et sa mère, devait partir pour Rome pour leur rendre la liberté ; que d'autres devaient délivrer le Saint-Père à Fontainebleau ; que les nobles conspirateurs soudoyaient les révoltés du Languedoc, de Luberon (1) et de la Provence ; que plusieurs Généraux, Sénateurs, Législateurs, Fonctionnaires vertueux et tant d'autres personnages distingués de la Capitale et des Provinces devaient seconder cette sainte conspiration, de leurs trésors, de leurs armes, de leurs talens, de leur autorité et de leur influence ; que plusieurs assemblées, entr'autres une d'hommes choisis dans les 48 sections de Paris, s'étaient souvent réunies à cet effet ; qu'enfin les ordres se communiquaient déjà dans la France et dans l'Europe, pour parvenir au but commun.

Il est vrai, on fut obligé d'employer

____

(1) Montagne du département de Vaucluse.

quelques hommes impurs, des gens à coup-de-main dans les rangs subalternes ; quelques-uns des conspirateurs étaient semblables à ces gladiateurs qui combattaient les yeux fermés. Une conspiration a-t-elle jamais pu exister sans qu'on mît en œuvre de pareils moyens ?

Si le Dictateur avait voulu donner à la conspiration un caractère de licence populaire, employer des moyens violens, provoquer une forte et sanglante réaction, non, sans doute, il n'aurait pas été vaincu ; nous eussions garanti l'honneur de nos frontières, et délivré plus tôt la France et le Roi. Au reste, on trouve, ce me semble, la justification (1) entière du Dictateur, dans sa réponse au Président du Conseil militaire, auquel il refusa de nommer ses complices : « Si » j'avais réussi, j'aurais pour complices la » France, l'Europe, ses Souverains et vous-» mêmes. J'ai échoué ; qu'on me mène au

____

(1) MM. *Lemare* et *l'abbé Le Roi* doivent publier deux ouvrages qui ne laisseront plus aucun doute sur cet sujet.

» supplice. Puissent de mes cendres naître
» de nouveaux conspirateurs contre le despo-
» tisme ! Oui, la France doit bientôt être
» heureuse sous ses Rois légitimes ; mais ma
» mort lui sera funeste ». Sa mort fut le
dernier jour de la vie d'un héros.

O jour mémorable du 23 Octobre ! ô *Malet*,
vengeur sublime de la France et de LOUIS !
bientôt on te rendra toute la justice qui t'est due !
Tu as prédit, en mourant, la chûte de la
tyrannie ; Eh bien ! que ta grande ombre
se console, à côté des ombres illustres de
Barnevelt et de *Pélopidas* ! La tyrannie n'est
plus. Que ton ombre se réjouisse ! Ta patrie
est heureuse sous le meilleur des Rois.
Et vous, veuve infortunée, vous, digne fils
de ce héros, vous encore, malheureux
héritiers du brave et sage *Lahorie*, vous tous,
qui vous êtes dévoués à la juste cause des
BOURBONS, agréez-en l'augure ! Oui, la
France mêlera ses larmes aux vôtres, et
notre Roi sera l'espérance de vos douleurs.

Gloire éternelle au Prince *Eugène*, digne
époux de la vertueuse Amélie de Bavière,
fidèle à ses devoirs, docile à la voix de la patrie,

digne enfant de la France, l'ami des peuples, le père des malheureux, le frère des soldats !

Honneur à l'ex-Sénateur (1) M. *Lucien*, qui a préféré la retraite de *Tusculum* et les douceurs d'une médiocrité philosophique à la pompe d'une couronne usurpée ; qui prévoyant les arrêts du destin, avait su embellir de la magie des beaux-arts le lointain de son existence !

Honneur à M. *Louis* (2) *Comte de St.-Leu* ! qui est descendu volontairement du Trône,

(1) M. *Lucien* doit bientôt publier un ouvrage intitulé : *Charlemagne.* Il m'a été permis de recueillir dans sa Belle *Villa, la Rufinella*, des inscriptions qu'il y a placées lui-même, qui prouvent son dégoût pour les grandeurs, et combien il appréciait les charmes de la vie privée.

(2) *M. le Comte de St.-Leu*, qui suivra bientôt son frère *Lucien*, doit aussi faire paraître un ouvrage avec le titre suivant : *Marie, ou les Hollandaises.* C'est un roman allégorique sur un sujet déplorable, dont j'ai la clef.

Je possède des vers de S. E., pleins de beauté et de grâces. J'ai eu l'honneur de faire un voyage avec M. *de St.-Leu* ; là, je me suis encore plus assuré suivi de l'amour des Hollandais , dont on l'empêchait de faire le bonheur, pour éviter de voir tomber la foudre sur leurs malheureuses provinces ; qui a refusé avec dignité les pensions et les dédommagemens qu'on lui offrait ; qui a su trouver dans la noblesse de ses sentimens et dans le culte sublime des Muses , un adoucissement à ses peines. et à ses douleurs domestiques !

Gloire à jamais à ceux des Commandans de nos armées, qui, après avoir si bien pris les intérêts de la patrie et de ses soldats, ont fait taire la voix de la gloire pour éviter une nouvelle guerre civile , lorsque l'honneur le leur a permis !

Gloire aux officiers et aux soldats, dont le glaive s'et incliné devant la loi ! L'armée , essentiellement obéissante , déliée de ses sermens arrachés par la fraude ou consentis librement (par une mesure sage du Gou-

que si l'amour est le bonheur et la vie , certains devoirs , certaines bienséances nous rendent quelquefois malheureux ; qu'une grande sensiblité est un torrent que rien né saurait arrêter, et qu'une délicatesse excessive nous est souvent funeste.

vernement provisoire) , a dû soutenir le Gouvernement légitime, voulu par la nation. Aussi, S. M. a fait des efforts infinis pour faire cesser tous les besoins de l'armée, qui avait été si long-tems privée du nécessaire. Notre gloire militaire n'a jamais été étrangère à notre bon Roi. Il avait depuis long-tems recommandé à ALEXANDRE les malheureux prisonniers de Russie. Et n'est-il pas lui-même le premier guerrier et le premier Gentilhomme de son Royaume ?

Honte entière aux traîtres, aux sbirres et aux sicaires du despotisme !

Quand l'histoire juste et sévère traduira les pasteurs des hommes au tribunal de la postérité, elle gravera en traits ineffaçables les noms des mortels vertueux, elle plongera dans le Léthé les noms des infâmes. Qu'en attendant, le mépris les suive partout, et que le remords déchire de ses griffes vengeresses leurs cœurs félons et perfides !

Quant à la Paix (1), objet des vœux de l'Univers, après tant de guerres sanglantes,

(1) Nous aurions désiré que la France conservât les limites que la nature lui a accordées, c'est-à-dire,

nous l'obtenons enfin. Dejà, nous avons évacué
les forts de l'Italie, de l'Espagne, de la Pologne,

le Rhin depuis Bâle (avec les îles de Valcheren
et de la Zélande), les Pyrénées, les Alpes, y
compris la Savoie, Genève, le pays de Vaud et
les deux mers qui la caressent dans leurs bras;
qu'elle réoccupât toutes ses Colonies, ainsi que
les pays qu'elle a découverts dans la Nouvelle-
Hollande ; qu'elle conservât sur-tout l'île-de-
France, sans quoi le riche marché de l'Inde lui
est fermé ; l'île Saint-Domingue et les Antilles,
s'il est vrai toutefois que nous puissions encore
les obtenir ; que l'Ang'eterre restituât Ceuta,
Malte, Héligoland et les sept îles ioniennes ;
que nous pussions relever nos fortifications dans
les Colonies ; que notre commerce ne fût plus
tributaire ; que nos arsenaux, que nos trophées
nous restassent intacts ; que nous gardassions
toute notre marine avec la faculté de l'augmenter;
que l'île d'Elbe nous restât, après la mort de
celui qui la possède ; que la Hollande nous cédât
sa partie de la Guiane, en faveur d'arrangemens
particuliers, parce qu'alors on pourrait en des-
sécher une partie, qui nous fournirait les épiceries
de l'Inde : mais le Traité de Paix ayant contrarié
nos faibles plans, il nous convient de les abandonner.

10.

de l'Allemagne, de la Hollande, de l'Illyrie, etc. etc. Déjà, nous embrassons nos frères si long-tems éloignés de nous. Puisqu'une paix perpétuelle n'est plus que le rêve d'un homme de bien, tel que celui de la perfectibilité indéfinie de l'homme, empressons-nous de goûter les prémices d'une paix temporaire, mais générale.

Il est nécessaire que la France soit un Empire puissant, pour qu'elle puisse traiter d'egale à égale avec la Russie, l'Autriche et l'Angleterre, et maintenir l'équilibre de l'Europe; qu'elle brille entre les nations comme un chêne superbe à la tête séculaire !

Nous acquérons par le Traité de Paix, un million de plus d'habitans qu'en janvier 1792; nous conservons l'ancienne triple ligne de nos forteresses, la remise des contributions de guerre, nos trophées, les chefs-d'œuvre des arts. Ces objets offrent un certain dédommagement. Il est flatteur pour la France que sa Capitale soit toujours le Musée de l'Europe. Heureuse, la France, qui semblait retranchée de la communion de la grande Famille Européenne, si elle regagnait par la douce paix, l'estime et l'amitié des peuples que de guerres interminables nous avaient aliénés.

Si l'Eternel, avant de me tirer du néant, m'avait demandé quel pays de l'Europe je préferais pour ma patrie, j'aurais choisi la France ou l'Angleterre. L'Éternel, sans me consulter, lança mon existence au sein de la France. Je dois donc chérir ma patrie au-dessus de toutes les nations. Je dois même, si je la voyais rabaissée, la relever à ses propres yeux. Mais la justice m'oblige d'estimer les grandes nations, et au nombre de celles-ci, notre fière rivale se présente la première. L'Angleterre, bien gouvernée, jouissant d'une population peu considérable, prouve combien l'intelligence est au-dessus de la force. Les Anglais sont d'une méfiance et d'une fierté dédaigneuses qui doivent les faire fuir des hommes qui sentent leur dignité : mais ils ont des vertus civiles, moins que nous l'honneur national, plus que nous un esprit public qui les soutient. Aucun peuple ne récompense aussi magnifiquement ses grands hommes. Comment ne pas louer ce Duc de Wellington, ce nouveau Fabius qui a si bien su, par la force seule de l'exemple, enchaîner la vengeance des Portugais et de ces Espagnols heroïques qui, dans la guerre sacrilège qu'on leur avait intentée, malgré quelques actes d'orgueil, d'ignorance et même de férocité, ont si noblement défendu les droits de leur patrie et de leur Roi, et qui méritent à tant de titres, une constitution libérale et un gouvernement doux et reconnaissant. Fasse le Ciel que mes vœux soient exaucés ! que l'abominable inquisition (que je déteste à si juste titre) disparaisse de leur sol ; qu'une revolution horrible ne les replonge pas dans le désordre dont ils sont sortis avec autant de gloire que de dignité.

Malgré la peine que nous avons ressentie, en voyant l'Empereur ALEXANDRE à la tête de ses armées dans notre Capitale, dans ces remparts, vierges jusqu'alors, de la ville éternelle ; malgré le déplaisir que nous avons éprouvé de voir des Cosaques, des Tatares, des Lapons, des Baskirs et des Kamstchadales assis en armes sur les marches du Louvre et du Panthéon, nous rendrons la même justice à sa magnanimité.

Le Tzar de la Russie nous a rendu justice à son tour. Il a rendu un éclatant hommage à la valeur française : les Puissances coalisées savent bien que nous sommes encore les vainqueurs de l'Europe, et qu'elles n'auraient jamais passé le Rhin, si les Français eussent aimé, s'ils eussent voulu soutenir l'homme qui les gouvernait. La France a été envahie, mais elle n'a pas été vaincue.

Au reste, ne devons-nous pas avoir la plus grande confiance dans notre bon Roi, qui vient de prendre les intérêts et la gloire de la Nation avec tant de grandeur et de fermeté? La France ne gouvernera-t-elle pas encore une grande partie de l'Europe ?

L'antique et noble Famille des Bourbons, la première et la plus ancienne des maisons souveraines, descendant de St. Louis par Robert son sixième fils, cette famille qui a produit beaucoup de bons Rois et seulement un tyran, siége encore sur les trônes de France, de Sicile, d'Espagne et des Indes. Un descendant d'un petit-fils de Hugues Capet règne sur le Portugal et sur le Brésil.

Le Souverain Pontife n'appartient-il pas

lui-même à l'illustre famille française de Clermont-Tonnerre ? le Prince *de Benévent*, le Prince *Eugène* et plusieurs autres Dignitaires français ne possèderont-ils pas aussi des Principautes ?

Quoiqu'il en soit, ce n'est pas dans la plus haute fortune qu'on reconnaît les grands Rois ni les grandes nations, qu'on distingue ces âmes fortes que rien ne saurait étonner ni effrayer. La plupart des hommes sont des machines à genoux devant des hochets et de l'or ; ils sont les honteux jouets des événemens ; mais un grand Monarque sait résister au torrent des circonstances et créer lui-même le destin de ses peuples.

La sagesse, la fermeté, la constance et l'union peuvent tout vaincre. Les vicissitudes de la fortune sont l'histoire des nations comme des particuliers : elles ne doivent point les abattre.

La France doit jouir encore d'une puissance respectable.

Nos ames nourries du sentiment de leur dignité, ne peuvent pas s'en passer.

La paix est faite, que Dieu soit loué !

Que le Dieu de clémence nous la conserve long-tems ! Mais si quelque nouvel ennemi tentait d'humilier notre belle patrie, alors, rallions-nous à la cause de la France et de son Roi ; que l'étendard de la patrie, ce drapeau blanc, emblême d'une gloire pure, brille à nos yeux ; qu'un nouvel Oriflamme se déploie : la puissance formidable des Français, unis par une sainte ligue, déconcerterait des projets homicides ; nous combattrions entre les tombeaux de nos illustres ancêtres et les berceaux de nos enfans chéris:

Ah ! nous les entendons les vœux de nos frères morts pour la France : c'est avec leurs ossemens, c'est avec les debris muets de cette fleur de la patrie, que nous disperserions l'ennemi. Carthage ne trouva point de traîtres parmi les Romains ; l'Anglais n'en a point dans son île ; qu'il n'en soit plus au milieu de nous. Que l'esprit public nous anime tous ; qu'il n'y ait plus qu'une seule voix dans toute la France; que *l'Union et l'Honneur* soient notre devise; *Dieu et la Patrie,* notre mot d'ordre; *le Roi,* celui de ralliement.

Non, nous ne verrons pas périr le glorieux

nom Français. Et ne sommes-nous pas encore
les vainqueurs de Marengo, d'Austerlitz,
d'Iéna et de Wagram ?

O mon Prince ! tu n'auras pas de plus fermes
soutiens que tes armées ; elles se verront
désormais dans la Nation et dans le Roi ;
elles seront encore invincibles avec un chef
tel que toi, juste, bon, sage et modéré.
O mon bon Roi ! l'idée seule de tes vertus et
de ton amour pour ton peuple, fait couler
mes larmes.... elles arrêtent ma plume ;
mais ce sont des larmes de joie et d'espérance.

O Louis, ô toi qui veux être notre père !
tes dignes représentans te raconteront notre
amour, notre respect. Mais jamais, non
jamais, nul mortel ne pourra dépeindre cet
enthousiasme, ces élans du cœur, cette
ivresse populaire, ces hommes de tous les
états, élevant à l'envi des arcs de triomphe,
qu'ombrageaient l'olivier, le laurier et le lis ;
ces nobles fêtes de famille que des commis-
saires ne commandaient pas ; ces cris de l'âme
que tous les habitans du Midi faisaient éclater
à l'aspect de ton portrait chéri, dans les places,
les temples et les théâtres : et ces transports

et ces larmes, et ces prières et ces vœux, que depuis ton fortuné retour, la pauvreté, comme l'opulence, n'ont cessé de te prodiguer, sur-tout dans les murs de la superbe Marseille, qu'on a tant calomniée, qui a tant souffert naguère, qui venait de signaler son amour pour les BOURBONS, durant la captivité du Roi CHARLES IV ; dont la Garde Urbaine, l'élite de la ville, après avoir donné l'exemple puissant du, respect, de l'obéissance et de l'amour dus à ta personne sacrée, a empêché qu'aucun désordre ne souillât nos fêtes fraternelles ; dont les habitans francs et sensibles mériteraient aujourd'hui, sous tant de rapports, d'obtenir la franchise de leur port, accordée par LOUIS XIV, et de voir leur belle Ville devenir la seconde de ton Empire.

Oui, nous renonçons à tout ce qui n'est ni la France ni les Français. Mais, nous l'espérons, les Souverains de l'Europe maintiendront cette paix qu'ils ont jurée à la face du Monde, et dont leurs peuples, ainsi que nous, embrassent les autels protecteurs.

Une nouvelle balance politique va exister. Les révolutions dont nous avons parcouru le cercle et que des causes étrangères au système politique de l'Europe ont amenées, avaient tout bouleversé. Des États avaient disparu, d'autres avaient été créés. Quelques-uns des nouveaux traités avaient tout dénaturé.

En étudiant la marche des cabinets, on voit qu'on va rendre à leurs anciens Souverains plusieurs principautés d'Italie et d'Allemagne.

Le Monde a besoin de se reposer sur des bases que les Puissances de l'Europe qui la dominent doivent tenir en harmonie avec la justice, l'unité et la force.

Il serait à désirer, à mon avis, que dans le congrès futur, l'équilibre des forces s'établît de manière que la Prusse devînt très-puissante; que l'Allemagne formât une ligue de Rois fédérés, indépendans de la Prusse et de l'Autriche ; que l'adroite et ambitieuse Angleterre, dont nous devons tant nous méfier et qui ne cherche qu'à s'agrandir, se contînt dans les bornes d'une juste modération; que l'Islande et le Groënland fussent cédés à la Suède, avec la condition d'indemniser le Danemarck en Allemagne et dans les Colonies ; que la justice déterminât les différends du gouvernement Anglais avec les sages habitans des Etats-Unis ; que l'on recreât le royaume de Pologne ; qu'on rendît la Belgique et la limite entière du Rhin à la France ; qu'on formât un nouveau Royaume de l'Italie ; que la Hollande et la Suisse restassent toujours indépendantes ; qu'enfin les Etats fussent rétablis de manière que l'on n'eût plus à craindre la prépondérance oppressive des cinq grandes Puissances de l'Europe (1).

Les noms distingués des *Humboldt*, des *Hardenberg*, des *Rasoumofski*, des *Stadion*, des *Nesselrode*, des *Castlereagh*, des *Stewart*, des *Talleyrand*, m'auraient empêché de publier les considérations que j'ai pris la liberté d'exposer, si, malgré mon ignorance, je ne savais pas combien les intérêts privés des Princes, premiers devoirs de leurs ministres, s'opposent souvent à l'intérêt général des peuples, et que telles propositions politiques d'un homme juste sont traitées comme les rêves d'un homme de bien.

Quant à la France, consolée des pertes

____

(1) La France, l'Angleterre, la Russie, l'Autriche et la Prusse.

d'une ambition qui n'était pas la sienne , elle se condamnera volontiers au repos et au bonheur. Si des nouveaux perturbateurs , si des ennemis de l'Etat voulaient répandre la discorde parmi nous, les honnêtes gens , qui sont la majorité, doivent se réunir cette fois autour du trône, et dussent-ils se faire immoler sur ses marches, le trône serait sauvé.

Si un ennemi ambitieux nous appelait encore aux combats, si le fleau de la France pouvait un jour se montrer à nos yeux, nous les ferions repentir, l'un, de son audace , et l'autre, de son infàmie.

Alors , *Berry* serait à notre tête ; alors , la gloire de la France serait plus pure que jamais. Qu'on ne s'y joue pas , son repos est le sommeil du Lion ; malheur à qui l'éveillerait !.....

Bourbon s'est armé d'un grand courage en montant sur le trône. Dénué d'ambition, l'amour seul des Français lui a donné la force de porter ce fardeau. Notre Roi mérite tout notre amour : cet amour le consolera de vingt ans d'exil. Les hautes leçons du malheur ont fructifié dans cette âme sublime. La sagesse grandit dans l'infortune ainsi que la constance. BOURBON est ami des lettres ; il est doué d'un esprit vaste, éclairé et profond, il protégera les arts , les sciences , la saine philosophie et l'empire illimité de la pensée : ami des mœurs et de la religion, il ramènera les bons principes , il donnera l'exemple des vertus.

Si on pouvait juger un Roi avant sa mort, je dirais que LOUIS imitera HENRI IV ; il sera donc juste, bon, valeureux, ferme et constant ; ses sermens seront sacrés ; il saura pardonner ; il professera la tolérance ; il sera le père du peuple , HENRI le portait dans son cœur : le Peuple et le Roi ne feront qu'une famille ; alors il sera entièrement grand, HENRI ne devint grand qu'à ce prix. Il estimera les hommes francs et courageux : la vérité ne parvient au trône que sur les ailes de la liberté ; il voudra donc une juste liberté, car il aimera les vérités utiles, HENRI les entendait avec plaisir. Que dis-je ! mon Roi n'est-il pas déjà un nouvel HENRI ?

Je ne puis finir cette légère esquisse, sans payer un juste tribut d'admiration à *Madame la Duchesse d'Angoulême*, la nièce,

je dirai presque la fille de notre Souverain.
Dieu seul a connu toutes les peines de cette
moderne Antigone, la plus infortunée des filles
et des sœurs, la plus vertueuse des épouses,
puissions-nous dire bientôt la plus heureuse
des mères! *Marie-Thérèse* fera régner à la
Cour la décence et la pudeur, les plus beaux
ornemens d'un sexe intéressant, qui en étaient
depuis long-tems exilés. Déjà, cet Ange de
beauté, de vertus et de malheurs a reconcilié
la terre avec le Ciel ; déjà, les larmes du
repentir, du pardon et de la réconciliation
ont arrosé l'échafaud de Louis, d'*Antoinette*,
de *Madame Elisabeth*, et les cendres du
Royal orphelin Louis XVII ; déjà, son amour
a payé l'amour et l'admiration des Français
pour sa céleste personne.

Que dirai-je de Mg^r. *le Duc de Berry*,
de ce chevalier sans peur et sans reproches,
digne héritier du nom de Henri, qui a déjà su
mériter l'estime des Français et le dévoûment
de nos braves? de *Madame la Duchesse d'Or-
léans*, fille sublime du vertueux *Penthièvre*,
notre généreuse protectrice au commence-
ment des troubles d'Espagne? de cette famille

de *Condé*, si digne d'une race de héros ; et de ces autres Princes du Sang, qui possèdent tous quelques traits du Grand Roi dont le peuple a toujours gardé la douce mémoire ?

Louis et sa famille ont donné l'exemple de l'oubli de tous les partis, de tous les votes, des fautes, des erreurs, des crimes même, enfin du passé jusqu'à l'heureuse époque de la Restauration. Que le passé s'éteigne donc dans une franche réconciliation. Apprenons de nos malheurs, à jouir des biens actuels ; et de nos fautes, à n'en plus commettre. Bénissons la trinité politique du nouveau Gouvernement.

Au moment où l'Etat se rassied sur ses bases, où chaque chose tend à sa place de son propre poids, le démon de l'ambition ne doit plus tourmenter nos cœurs ni déranger nos têtes. Pourquoi les uns voudraient-ils tout renouveler, et les autres ramener exclusivement l'ancien système ? Eh ! bon Dieu ! ne sommes-nous pas encore fatigués des désordres, du chaos de nos terribles bouleversemens, où le bien et le mal étaient si souvent confondus ?

Laissons, laissons agir notre bon Roi et

nos sages Législateurs ; contentons-nous d'être heureux des bienfaits de leur justice. Comment le vaisseau voguera-t-il, si chaque mousse prétend commander la manœuvre à la place du Capitaine ? On le verra bientôt se briser contre mille écueils ; la cargaison sera perdue, les matelots périront. Eh bien ! l'Etat est semblable à ce vaisseau : notre bon Roi en est le Capitaine ; la cargaison, est la fortune publique ; les matelots, sont le peuple français ; les mousses, des hommes inquiets et agitateurs ; les écueils, les ennemis de la patrie et du Monarque.

Que la journée de la Restauration soit un jour de bonheur domestique, une fête de famille ! que son anniversaire soit célèbre à jamais dans les fastes de l'histoire ! qu'elle soit comme l'arc-en-ciel qui, après l'orage, nous rend des beaux jours ! et qu'enfin on puisse mettre une fois pour toutes chacun et chaque chose à sa place.

Pour moi, j'ai fini ma tâche. Mes intentions ont été droites, ma conscience ne m'en reproche aucune. Les méchans dussent-ils sonner le tocsin sur moi, rien ne m'effraiera ;

si j'ai pu éclairer ceux de mes frères qui pourraient être encore dans l'erreur, je trouverais ma consolation dans l'idée que j'aurai fait quelque bien, que mes travaux n'auront pas été inutiles.

Dans l'empire immense de la Chine, il existe auprès du Souverain, un mandarin chargé de censurer ses actions. Si je vivais dans cet Empire, si j'étais censeur du Prince, s'il devenait un mauvais Roi, je lui dirais : ô mon Prince ! respecte tes sermens, tu seras estimé des nations, aimé de ton peuple et béni de Dieu.

Si la vérité sévère lui déplaisait et s'il condamnait mes jours, je présenterais ma tête à sa colère. Mais je demanderais tous les jours au Tout-puissant, l'immortalité d'un bon Roi, tel que le nôtre, comme la plus grande faveur qu'il pourrait accorder à son peuple, et l'honneur de donner ma vie pour défendre la sienne, comme la plus grande gloire qu'il me soit permis d'attendre,

F I N.

NOTES ADDITIONNELLES.

JE dois l'explication et l'hommage suivans à une partie de mes lecteurs et à quelques littérateurs français et étrangers.

Dans mon *Début Poétique*, le seul ouvrage que j'aie encore publié, et que je n'ai répandu qu'en Provence, j'avais annoncé quelques essais de ma plume novice et trop féconde.

Dans trois campagnes militaires, dans différens voyages entrepris pour l'étude de l'histoire, des arts et des hommes, dans l'Orient et autres contrées célèbres, où j'avais été puiser des couleurs locales pour peindre les sujets que je devais traiter, j'ai perdu non-seulement les manuscrits annoncés, mais encore des lettres honorables et scientifiques, des notes précieuses, quelques objets d'arts et d'antiquité. Je n'avais sauvé que de tristes débris de mon naufrage, entr'autres, une Tragédie de *Bélisaire*, ou *Tableau de la Cour de Justinien*, qui avait obtenu les applaudissemens de l'Académie de Rome, ma seconde patrie ; de plusieurs littérateurs distingués, de l'illustre abbé *Delille*, de M. *de Permon*, dont le moindre titre est d'être issu de la famille souveraine des *Comnènes* ; de MM. *James Byres*, *Schneiller*, *Taill de Salazar*, excellent poète, de Grenade en Espagne, qui m'honorait de ses conseils ; de mon ami *Ariston*, de Samos ; de MM. *Stamati*, *Kermés*, savans distingués de là Grèce, *Dorange*, *Bazin*, *Goudar*, *Ruga*, excellens juges en littérature, et d'un jeune poète, d'un véritable ami, d'un frère (Mr *A. Bernardi de Sigoyer*), dont les talens ne le cèdent qu'aux qualités de son cœur.

Pardonne-moi, cher Antonin, d'en avoir dit autant ; plains-moi, de n'en pas dire davantage. Tu sais bien que si un accident terrible m'a ravi une partie de la mémoire intellectuelle, je ne perdrai jamais la mémoire du cœur.

La Tragédie de *Bélisaire* et tous mes ouvrages passés ont été entièrement sacrifiés ; oublions-les.

Dans mon premier ouvrage, je parlais de moi avec beaucoup de franchise et de confiance, avec trop peu de modération, tranchons le mot, avec trop de fierté. Je

n'avais guère que dix-sept ans, quand il sortit de ma plume.
Les *Poésies* et le *Système* qu'il contient, obtinrent
les suffrages de l'éloquent auteur de *Paul et Virginie*,
du savant antiquaire *Calvet*, de M. *Sicard*, Directeur de
l'Institution des Sourds-Muets et de celle des Aveugles,
digne successeur de *l'Abbé de l'Epée* ; des profonds orien-
talistes *Feledgiha'aza* et *Scevriss de Bahgdad*, Evêque
de Mésopotamie ; enfin, de MM. *Ferretti* et *Fornari*, qui
ont traduit en italien le *Système Orthographique* ainsi
que les Odes de mon *Début*.

Leur indulgence pour notre âge, leurs encouragemens
continuels avaient dû nous flatter, avaient pu même nous
énorgueillir.

J'ai toujours évité d'affliger qui que ce soit au monde :
cependant, un écrivain anonyme, armé d'une lourde
férule, me frappa à droite et à gauche, sans aucun égard.
MM. E. et M., écrivains dont l'urbanité égale les talens,
le refutèrent en mon absence. Je les en remercie ; mais je
conviens que, ni le critique, ni moi, ne méritions cet
honneur.

Quant au *Tableau* que je présente aujourd'hui à mes
compatriotes, l'ambition ne l'a point tracé, mais l'amour
seul de la patrie et de l'humanité. Cet ouvrage, écrit tout
d'un trait, sans aucune imitation ni citation, qui voit le
jour en Juillet, fut commencé le 1er Juin. Des obstacles
inattendus l'ont empêché de paraître plus tôt. Il a donc
un absolu besoin de l'impartialité et sur-tout de l'indulgence
de ses lecteurs. Quant à la critique, je la respecte.
Lorsque par des jugemens émanés de la sagesse et du
goût, elle me fera appercevoir mes fautes, je tâcherai dem'en
corriger. Si la méchanceté ou l'ignorance dictent ses arrêts
à mon égard, je gémirai, mais je garderai le silence.

F I N.

ERRATA.

Page 15, ligne 5, qui lui est, *lisez* : qui lui sont
P. 31, l. 12, *après ces mots* : ils lui durent tout,
          mettez une virgule.
P. 34, l. 12, entrava, *lisez* : entravèrent
id. à l'avant-dernière ligne, *retranchez l'Et*
P. 38, l. 10, qu'il, *lisez* : que l'usurpateur
P. 43, l. 1, mais de lois, *lisez* : mais des lois
P. 53, l. 3, transcendante, *lisez* : transcendentale ;
P. 66, l. 14, *après ce mot* Corneille, *ajoutez* : Desforges,
P. 68, l. 3, conspirateurs, *lisez* : ligueurs,
id. l. 8, à la conspiration, *lisez* : à son entreprise,
id. l. 16, du Dictateur, *lisez* : de M. de Malet.
P. 71, l. 10, *ajoutez* : Gloire à jamais au Conseil
 municipal de Paris, qui, le premier, a prononcé
 la déchéance du Tyran-Usurpateur.
P. 75, *après ces mots* du néant, *ajoutez* : m'avait demandé
 mon consentement, j'y serais peut-être encore ;
 s'il m'avait, etc.
P. 77, *après ces mots* passé le Rhin, *ajoutez* : quoique nous
 eussions à combattre des armées de peuples.
P. 81, l. 18, *effacez le mot* Oui.

FIN.